स.ही. वात्स्यायन 'अज्ञेय'

पचास कविताएँ

नयी सदी के लिए चयन

सम्पादक

कृष्णदत्त पालीवाल

वाणी प्रकाशन

वाणी प्रकाशन

4695, 21-ए, दरियागंज, नयी दिल्ली 110 002

फ़ोन : +91 11 23273167 फ़ैक्स : +91 11 23275710

शाखाएँ

अशोक राजपथ, पटना 800 004, बिहार

कॉफ़ी हाउस कैम्पस, महात्मा गांधी मार्ग, इलाहाबाद 211 001, उत्तर प्रदेश

महात्मा गांधी अन्तरराष्ट्रीय हिन्दी विश्वविद्यालय, वर्धा 442 001, महाराष्ट्र

सुल्तानिया रोड, मोतिया पार्क, भोपाल 462 001, मध्य प्रदेश

www.vaniprakashan.in
marketing@vaniprakashan.in
sales@vaniprakashan.in

PACHAS KAVITAYEN
NAI SADI KE LIYE CHAYAN
by S.H. Vatsyayan 'Ajneya'
Edited by Krishnadutt Paliwal

ISBN : 978-93-5000-725-9
Poetry Collection

प्रथम संस्करण 2011
आवृत्ति 2019

मूल्य : ₹ 95

सिटी प्रेस, दिल्ली-110 095 में मुद्रित

वाणी प्रकाशन का लोगो मक़बूल फ़िदा हुसेन की कूची से

क्रम

नया कवि : आत्म स्वीकार 5
उड़ चल, हारिल 7
द्वितीया 9
आशीः 12
वीर-बहू 14
पानी बरसा! 15
देखती है दीठ 16
जन्म-दिवस 17
एक ऑटोग्राफ 19
पराजय है याद 20
पावस-प्रात, शिलङ् 21
सागर के किनारे 22
दूर्वाचल 24
शरणार्थी 11 : जीना है बन सीने का साँप 25
कतकी पूनो 26
हरी घास पर क्षण भर 27
कलगी बाजरे की 31
नदी के द्वीप 33
काँगड़े की छोरियाँ 35
वहाँ रात 36
बावरा अहेरी 38

40 आज तुम शब्द न दो
42 यह दीप अकेला
44 मैं वहाँ हूँ
48 क्यों कि तुम हो
50 महानगर : रात
52 हवाई यात्रा : ऊँची उड़ान
54 सूर्यास्त
55 जितना तुम्हारा सच है
57 तुम हँसी हो
59 हरा-भरा है देश
61 शब्द और सत्य
62 दीप पत्थर का
63 सोन-मछली
64 सम्राज्ञी का नैवेद्य-दान
66 चिड़िया की कहानी
67 हिरोशिमा
69 भीतर जागा दाता
72 चक्रान्त शिला-24
74 चक्रान्त शिला-16
75 चक्रान्त शिला-27
76 असाध्य वीणा
90 नन्दा देवी-6
92 नाच
94 महावृक्ष के नीचे
96 घर
99 चीनी चाय पीते हुए
101 छन्द
102 साँप
103 मैं तुम्हारे ध्यान में हूँ!

नया कवि : आत्म स्वीकार

किसी का सत्य था,
मैंने सन्दर्भ से जोड़ दिया।
कोई मधुकोष काट लाया था,
मैंने निचोड़ लिया।

किसी की उक्ति में गरिमा थी
मैंने उसे थोड़ा-सा सँवार दिया
किसी की संवेदना में आग-का-सा ताप था
मैंने दूर हटते-हटते उसे धिक्कार दिया।

कोई हुनरमन्द था :
मैंने देखा और कहा, 'यों!'
थका भारवाही पाया—
घुड़का या कोंच दिया, 'क्यों!'

किसी की पौध थी,
मैंने सींची और बढ़ने पर अपना ली
किसी की लगाई लता थी,
मैंने दो बल्ली गाड़ उसी पर छवा ली।

किसी की कली थी
मैंने अनदेखे में बीन ली
किसी की बात थी
मैंने मुँह से छीन ली।

यों मैं कवि हूँ, आधुनिक हूँ, नया हूँ
काव्य-तत्त्व की खोज में कहाँ नहीं गया हूँ?
चाहता हूँ आप मुझे
एक एक शब्द पर सराहते हुए पढ़ें
पर प्रतिमा—अरे, वह तो
जैसी आपको रुचे आप स्वयं गढ़े।

उड़ चल, हारिल

उड़ चल, हारिल, लिए हाथ में
यही अकेला ओछा तिनका।
ऊषा जाग उठी प्राची में—
कैसी बाट, भरोसा किन का!

शक्ति रहे तेरे हाथों में—
छुट न जाए यह चाह सृजन की,
शक्ति रहे तेरे हाथों में—
रुक न जाए यह गति जीवन की!

ऊपर - ऊपर - ऊपर - ऊपर
बढ़ा चीरता चल दिग्मंडलः
अनथक पंखों की चोटों से
नभ में एक मचा दे हलचल!

तिनका? तेरे हाथों में है।
अमर एक रचना का साधन—
तिनका? तेरे पंजे में है
विधना के प्राणों का स्पन्दन!

काँप न, यद्यपि दसों दिशा में
तुझे शून्य नभ घेर रहा है,
रुक न, यद्यपि उपहास जगत् का
तुझको पथ से हेर रहा है;

तू मिट्टी था, किन्तु आज
मिट्टी को तूने बाँध लिया है,
तू था सृष्टि, किन्तु स्रष्टा का
गुर तूने पहचान लिया है!

मिट्टी निश्चय है यथार्थ, पर
क्या जीवन केवल मिट्टी है?
तू मिट्टी, पर मिट्टी से
उठने की इच्छा किसने दी है?

आज उसी ऊर्ध्वंग ज्वाल का
तू है दुर्निवार हरकारा
दृढ़ ध्वज-दंड बना यह तिनका
सूने पथ का एक सहारा!

मिट्टी से जो छीन लिया है

द्वितीया

मेरे सारे शब्द प्यार के किसी दूर विगता के जूठे :
तुम्हें मनाने हाय कहाँ से ले आऊँ मैं भाव अनूठे?
तुम देती हो अनुकम्पा से मैं कृतज्ञ हो ले लेता हूँ–
तुम रूठीं–मैं मन मसोस कर कहता, भाग्य हमारे रूठे!

मैं तुम को सम्बोधन कर मीठी-मीठी बातें करता हूँ,
किन्तु हृदय के भीतर किस की तीखी चोट सदा सहता हूँ?
बातें सच्ची हैं, यद्यपि वे नहीं तुम्हारी हो सकती हैं–
तुम से झूठ कहूँ कैसे जब उसके प्रति सच्चा रहता हूँ?

मेरा क्या है दोष कि जिस को मैंने जी भर प्यार किया था,
प्रात-किरण ज्यों नव-कलिका में जिस को उर में धार लिया था,
मुझ आतुर को छोड़ अकेली जाने किस पथ चली गयी वह–
एक आग के फेरे कर के जिस पर सब कुछ वार दिया था?

मेरा क्या है दोष कि मैंने तुम को बाद किसी के जाना?
अपना जब छिन गया, पराये धन का तब गौरव पहचाना?
प्रथम बार का मिलन चिरन्तन सोचो, कैसे हो सकता है–
जब इस जग के चौराहे पर लगा हुआ है आना-जाना?

होगी यह कामुकता जो मैं तुमको साथ यहाँ ले आया—
किसी गता के आसन पर जो बरबस मैंने तुम्हें बिठाया,
किन्तु देखता हूँ, मेरे उर में अब भी वह रिक्त बना है,
निर्बल हो कर भी मैं उसकी स्मृति से अलग कहाँ हो पाया?

तुम न मुझे कोसो, लज्जा से मस्तक मेरा झुका हुआ है,
उर में वह अपराध व्यक्त है ओठों पर जो रुका हुआ है—
आज तुम्हारे सम्मुख जो उपहार रूप रखने आया हूँ
वह मेरा मन-फूल दूसरी वेदी पर चढ़ चुका हुआ है!

फिर भी मैं कैसे आया हूँ क्यों कर यह तुम को समझाऊँ—
स्वयं किसी का हो कर कैसे मैं तुम को अपना कह पाऊँ?
पर मन्दिर की माँग यही है वेदी रहे न क्षण-भर सूनी
वह यह कब इंगित करता है किस की प्रतिमा वहाँ बिठाऊँ?

नहीं अंग खो कर लकड़ी पर हृदय अपाहिज का थमता है।
किन्तु उसी पर धीरे-धीरे पुनः धैर्य उसका जमता है।
उर उस को धारे है, फिर भी तेरे लिए खुला जाता है—
उतना आतुर प्यार न हो पर उतनी ही कोमल ममता है!

शायद यह भी धोखा ही हो, तब तुम सच मानोगी इतना :
एक तुम्हीं को दे देता हूँ उस से बच जाता है जितना।
और छोड़ कर मुझ को वह निर्मम इतनी अब है संन्यासिनि—
उस को भोग लगा कर भी तो बच जाता है जाने कितना!

प्यार अनादि स्वयं है, यद्यपि हम में अभी-अभी आया है,
बीच हमारे जाने कितने मिलन-विग्रहों की छाया है—
मति तो उस के साथ गयी, पर यह विचार कर रह जाता हूँ—
वह भी थी विडम्बना विधि की यह भी विधना की माया है!

उस अत्यन्तगता की स्मृति को फिर दो सूखे फूल चढ़ा कर
उस दीपक की अनझिप ज्वाला आदर से थोड़ा उकसा कर
मैं मानो उस की अनुमति से फिर उस की याद हरी करता हूँ–
उस से कही हुई बातें फिर-फिर तेरे आगे दुहरा कर!

दिल्ली
13 जनवरी 1937

आशीः

(वसन्त के एक दिन)

फूल काँचनार के,
प्रतीक मेरे प्यार के!
प्रार्थना-सी अर्धस्फुट काँपती रहे कली,
पत्तियों का सम्पुट, निवेदिता ज्यों अंजली।
आये फिर दिन मनुहार के, दुलार के
—फूल काँचनार के!

सुमन-वृन्त बावले बबूल के!
झोंके ऋतुराज के वसन्ती दुकूल के,

बूर बिखराता जा पराग अंगराग का,
दे जा स्पर्श ममता की सिहरती आग का।
आवे मत्त गन्ध वह ढीठ हूल-हूल के
—सुमन वृन्त बावले बबूल के!

कली री पलास की!
टिमटिमाती ज्योति मेरी आस की
या कि शिखा ऊर्ध्वमुखी मेरी दीप्त प्यास की।

वासना-सी मुखरा, वेदना-सी प्रखरा
दिगन्त में, प्रान्तर् में, प्रान्त में,
खिल उठ, झूल जा, मस्त हो,
फैल जा वनान्त में—
मार्ग मेरे प्रणय का प्रशस्त हो!

शिलङ्
मार्च 1944

वीर-बहू

एक दिन देवदारु-वन बीच छनी हुई
किरणों के जाल में से साथ तेरे घूमा था।
फेनिल प्रपात पर छाये इन्द्र-धनु की
फुहार तले मोर-सा प्रमत्त-मन झूमा था

बालुका में अँकी-सी रहस्यमयी वीर-बहू
पूछती है रव-हीन मखमली स्वर से :
याद है क्या, ओट में बुरूँस की प्रथम बार
धन मेरे, मैंने जब ओठ तेरा चूमा था?

शिलङ्
मार्च 1944

पानी बरसा!

ओ पिया, पानी बरसा!

घास हरी हुलसानी
मानिक के झूमर-सी झूमी मधु-मालती
झर पड़े जीते पीत अमलतास
चातकी की वेदना बिरानी।
बादलों का हाशिया है आसपास—
बीच लिखी पाँत काली बिजली की—
कूँजों की डार, कि असाढ़ की निशानी!
ओ पिया, पानी!
मेरा जिया हरसा।

खड़खड़ कर उठे पात, फड़क उठे गात।
देखने को आँखें घेरने को बाँहें।
पुरानी कहानी?
ओठ को ओठ, वक्ष को वक्ष—
ओ पिया, पानी!
मेरा हिया तरसा।
ओ पिया, पानी बरसा!

जलंधर
2 जुलाई 1945

देखती है दीठ

हँस रही है वधू—जीवन तृप्तिमय है।
प्रिय-वदन अनुरक्त—यह उस की विजय है।
गेह है, गति, गीत है, लय है, प्रणय है :
सभी कुछ है।
देखती है दीठ—
लता टूटी, कुरमुराता मूल में है सूक्ष्म भय का कीट!

शिलङ्
15 नवम्बर 1945

जन्म-दिवस

मैं मरूँगा सुखी
क्यों कि तुम ने जो जीवन दिया था–
(पिता कहलाते हो तो जीवन के तत्त्व पाँच
चाहे जैसे पुंज-बद्ध हुए हों, श्रेय तो तुम्हीं को होगा–)
उस से मैं निर्विकल्प खेला हूँ–
खुले हाथों उसे मैंने वारा है–
धज्जियाँ उड़ायी हैं।

तुम बड़े दाता हो :
तुम्हारी देन मैंने नहीं सूम-सी सँजोयी;
मैंने नहीं जोड़ा कुछ थोड़ा भी।
पाँच ही थे तत्त्व मेरी गूदड़ी में–मैंने नहीं माना उन्हें लाल,
चाहे यह जीवन का वरदान तुम नहीं देते बार-बार–
(अरे, मानव की योनि! परम संजोग है!)
किन्तु जब आये काल
लोलुप विवर-सा प्रलम्ब-कर, खुली पाये प्राणों की मंजूषा–
जावें पाँचों प्राण शून्य में बिखर :
मैं भी दाता हूँ। विसर्ग महाप्राण है।
मैं मरूँगा सुखी।

किन्तु नहीं धो रहा मैं पाटियाँ आभार की।
उन के समक्ष
दिया जिन्होंने बहुत कुछ, किन्तु जो अपने को दाता नहीं मानते–
नहीं जानते :
अमुखर नारियाँ, धूल-भरे शिशु, खग,
ओस-नमे फूल, गन्ध मिट्टी पर
पहले असाढ़ के अयाने वारि-बिन्दु की,
कोटरों से झाँकती गिलहरी,
स्तब्ध, लय-बद्ध भौंरा टँका-सा अधर में,
चाँदनी से बसा हुआ कुहरा,
पीली धूप शारदीय प्रात की,
बाजरे के खेतों को फलाँगती डार हिरनों की बरसात में–
नत हूँ मैं सब के समक्ष, बार-बार मैं विनीत स्वर
ऋण-स्वीकारी हूँ–विनत हूँ।

मैं मरूँगा सुखी
मैंने जीवन की धज्जियाँ उड़ायी हैं!

मेरठ
मार्च 1946

एक ऑटोग्राफ

अल्ला रे अल्ला
होता न मनुष्य मैं, होता करमकल्ला।
रूखे कर्म जीवन से। उलझता न पल्ला।
चाहता न नाम कुछ, माँगता न दाम कुछ,
करता न काम कुछ, बैठता निठल्ला—
अल्ला रे अल्ला!

इलाहाबाद
30 जुलाई 1946

पराजय है याद

भोर वेला—नदी तट की घंटियों का नाद।
चोट खा कर जग उठा सोया हुआ अवसाद।
नहीं, मुझ को नहीं अपने दर्द का अभिमान—
मानता हूँ मैं पराजय है तुम्हारी याद!

काशी
14 नवम्बर 1946

पावस-प्रात, शिलङ्

भोर वेला। सिंची छत से ओस की तित्-तिप्! पहाड़ी काक
की विजन को पकड़ती-सी क्लान्त बेसुर डाक–
'हाक्! हाक्! हाक्!'

मत सँजो यह स्निग्ध सपनों का अलस सोना–
रहेगी बस एक मुट्ठी खाक!
'थाक्! थाक्! थाक्!'

शिलङ्
12 जुलाई 1947

सागर के किनारे

तनिक ठहरूँ। चाँद उग आये, तभी जाऊँगा वहाँ नीचे
कसमसाते रुद्ध सागर के किनारे। चाँद उग आये।

न उस की बुझी फीकी चाँदनी में दिखें शायद
वे दहकते लाल गुच्छ बुरूँस के जो
तुम हो।

न शायद चेत हो, मैं नहीं हूँ वह डगर गीली दूब से मेदुर,
मोड़ पर जिस के नदी का कूल है, जल है,
मोड़ के भीतर—घिरे हों बाँह में ज्यों—गुच्छ लाल बुरूँस के उत्फुल्ल।

न आये याद, मैं हूँ किसी बीते साल के सीले कलेंडर की
एक बस तारीख, जो हर साल आती है।
एक बस तारीख—अंकों में लिखी ही जो न जावे
जिसे केवल चन्द्रमा का चिह्न ही बस करे सूचित—
बंक—आधा—शून्य; उलटा बंक—काला वृत्त,
यथा पूनो—तीज-तेरस—सप्तमी,
निर्जला एकादशी—या अमावस्या।

अँधेरे में ज्वार ललकेगा—
व्यथा जागेगी। न जाने दीख क्या जाये जिसे आलोक फीका सोख
लेता है।
तनिक ठहरूँ। कसमसाते रुद्ध सागर के किनारे
तभी जाऊँ वहाँ नीचे—चाँद उग आये।

बांदरा (बम्बई)
9 अगस्त 1947

दूर्वाचल

पार्श्व गिरि का नम्र, चीड़ों में
डगर चढ़ती उमंगों-सी।
बिछी पैरों में नदी ज्यों दर्द की रेखा।
विहग-शिशु मौन नीड़ों में।
मैंने आँख भर देखा।
दिया मन को दिलासा—पुनः आऊँगा।
(भले ही बरस-दिन—अनगिन युगों के बाद!)
क्षितिज के पलक-सी खोली,
तमक कर दामिनी बोली—
'अरे यायावर! रहेगा याद?'

माफ्लङ् (शिलङ्)
22 सितम्बर 1947

शरणार्थी 11 : जीना है बन सीने का साँप

हम ने भी सोचा था कि अच्छी चीज़ है स्वराज
हम ने भी सोचा था कि हमारा सिर
ऊँचा होगा ऐक्य में। जानते हैं पर आज
अपने ही बल के
अपने ही छल के
अपने ही कौशल के
अपनी समस्त सभ्यता के सारे
संचित प्रपंच के सहारे

जीना है हमें तो, बन सीने का साँप उस अपने समाज के
जो हमारा एक मात्र अक्षंतव्य शत्रु है
क्यों कि हम आज हो के मोहताज
उस के भिखारी शरणार्थी हैं।

मुरादाबाद स्टेशन, आधी रात
12 नवम्बर 1947

कतकी पूनो

छिटक रही है चाँदनी, मदमाती उन्मादिनी
कलगी-मौर सजाव ले कास हुए हैं बावले
पकी ज्वार से निकल शशों की जोड़ी गयी फलाँगती—
सन्नाटे में बाँक नदी की जगी चमक कर झाँकती!

कुहरा झीना और महीन, झर-झर पड़े अकासनीम
उजली-लालिम मालती गन्ध के डोरे डालती,
मन में दुबकी है हुलास ज्यों परछाईं हो चोर की—
तेरी बाट अगोरते ये आँखें हुईं चकोर की!

इलाहाबाद-लखनऊ (रेल में)
30 नवम्बर 1947

हरी घास पर क्षण भर

आओ बैठें
इसी ढाल की हरी घास पर।
माली-चौकीदारों का यह समय नहीं है,
और घास तो अधुनातन मानव-मन की भावना की तरह
सदा बिछी है—हरी, न्यौतती, कोई आ कर रौंदे।

आओ, बैठो।
तनिक और सट कर, कि हमारे बीच स्नेह-भर का व्यवधान रहे,
बस,
नहीं दरारें सभ्य शिष्ट जीवन की।

चाहे बोलो, चाहे धीरे-धीरे बोलो, स्वगत गुनगुनाओ,
चाहे चुप रह जाओ—
हो प्रकृतस्थ : तनो मत कटी-छँटी उस बाड़ सरीखी,
नमो, खुल खिलो, सहज मिलो
अन्तःस्मित, अन्तःसंयत हरी घास-सी।

क्षण-भर भुला सकें हम
नगरी की बेचैन बुदकती गड्ड-मड्ड अकुलाहट—

और न मानें उसे पलायन;
क्षण भर देख सकें आकाश, धरा, दूर्वा, मेघाली,
पौधे, लता दोलती, फूल, झरे पत्ते, तितली-भुनगे,
फुनगी पर पूँछ उठा कर इतराती छोटी-सी चिड़िया—
और न सहसा चोर कह उठे मन में—
प्रकृतिवाद है स्खलन
क्यों कि युग जनवादी है।

क्षण-भर हम न रहें रह कर भी :
सुनें गूँज भीतर के सूने सन्नाटे में
किसी दूर सागर की लोल लहर की
जिस की छाती की हम दोनों छोटी-सी सिहरन हैं—
जैसे सीपी सदा सुना करती है।

क्षण-भर लय हों—मैं भी, तुम भी,
और न सिमटें सोच कि हम ने
अपने से भी बड़ा किसी भी अपर को क्यों माना!

क्षण-भर अनायास हम याद करें :
तिरती नाव नदी में,
धूल-भरे पथ पर असाढ़ की भभक, झील में साथ तैरना,
हँसी अकारण खड़े महा-वट की छाया में,
वदन घाम से लाल, स्वेद से जमी अलक-लट,
चीड़ों का वन, साथ-साथ दुलकी चलते दो घोड़े,
गीली हवा नदी की, फूले नथुने, भर्रायी सीटी स्टीमर की,
खँडहर, ग्रथित अँगुलियाँ, बाँसे का मधु,
डाकिये के पैरों की चाँप

अधजानी बबूल की धूल मिली-सी गन्ध,
झरा रेशम शिरीष का, कविता के पद,
मसजिद के गुम्बद के पीछे सूर्य डूबता धीरे-धीरे,
झरने के चमकीले पत्थर, मोर-मोरनी, घुँघरू,
सन्थाली झूमुर का लम्बा कसक-भरा आलाप,
रेल का आह की तरह धीरे-धीरे खिंचना, लहरें,
आँधी-पानी,
नदी किनारे की रेती पर बित्ते-भर की छाँह झाड़ की
अंगुल-अंगुल नाप-नाप कर तोड़े तिनकों का समूह,
लू,
मौन।

याद कर सकें अनायास : और न मानें
हम अतीत के शरणार्थी हैं;
स्मरण हमारा—जीवन के अनुभव का प्रत्यवलोकन—
हमें न हीन बनावे प्रत्यभिमुख होने के पाप-बोध से।
आओ बैठो : क्षण-भर :
यह क्षण हमें मिला है नहीं नगर-सेठों की फ़ैयाज़ी से।
हमें मिला है यह अपने जीवन की निधि से ब्याज सरीखा।

आओ बैठो : क्षण भर तुम्हें निहारूँ।
अपनी जानी एक-एक रेखा पहचानूँ
चेहरे की, आँखों की—अन्तर्मन की
और—हमारी साझे की अनगिन स्मृतियों की :
तुम्हें निहारूँ,
झिझक न हो कि निरखना दबी वासना की विकृति है!
धीरे-धीरे

धुँधले में चेहरे की रेखाएँ मिट जायें—
केवल नेत्र जगें : उतनी ही धीरे
हरी घास की पत्ती-पत्ती भी मिट जावे लिपट झाड़ियों के पैरों में
और झाड़ियाँ भी घुल जावें क्षिति-रेखा के मसृण ध्वान्त में;
केवल बना रहे विस्तार—हमारा बोध
मुक्ति का,
सीमाहीन खुलेपन का ही।

चलो, उठें अब;
अब तक हम थे बन्धु सैर को आये—
(देखे हैं क्या कभी घास पर लोट-पोट होते सतभैये शोर मचाते?)

और रहे बैठे तो लोग कहेंगे
धुँधले में दुबके प्रेमी बैठे हैं।

—वह हम हों भी तो यह हरी घास ही जाने :
(जिस के खुले निमन्त्रण के बल जग ने सदा उसे रौंदा है
और वह नहीं बोली),
नहीं सुनें हम वह नगरी के नागरिकों से
जिन की भाषा में अतिशय चिकनाई है साबुन की
किन्तु नहीं है करुणा।

उठो, चलें, प्रिय।

इलाहाबाद
14 अक्टूबर 1949

कलगी बाजरे की

हरी बिछली घास।
दोलती कलगी छरहरी बाजरे की।

अगर मैं तुम को ललाती साँझ के नभ की अकेली तारिका
अब नहीं कहता,
या शरद के भोर की नीहार-न्हायी कुँई,
टटकी कली चम्पे की, वगैरह, तो
नहीं कारण कि मेरा हृदय उथला या कि सूना है
या कि मेरा प्यार मैला है।
बल्कि केवल यही : ये उपमान मैले हो गये हैं।
देवता इन प्रतीकों के कर गये हैं कूच।

कभी बासन अधिक घिसने से मुलम्मा छूट जाता है।
मगर क्या तुम नहीं पहचान पाओगी :
तुम्हारे रूप के—तुम हो, निकट हो, इसी जादू के—
निजी किस सहज, गहरे बोध से, किस प्यार से मैं कह रहा हूँ—
अगर मैं यह कहूँ—

बिछली घास हो तुम
लहलहाती हवा में कलगी छरहरी बाजरे की?

आज हम शहरातियों को
पालतू मालंच पर सँवरी जुही के फूल से
सृष्टि के विस्तार का ऐश्वर्य का—औदार्य का—
कहीं सच्चा, कहीं प्यारा एक प्रतीक
बिछली घास है,
या शरद की साँझ के सूने गगन की पीठिका पर दोलती कलगी
अकेली
बाजरे की।

और सचमुच, इन्हें जब-जब देखता हूँ
यह खुला वीरान संसृति का घना हो सिमट आता है—
और मैं एकान्त होता हूँ समर्पित।

शब्द जादू हैं—
मगर क्या यह समर्पण कुछ नहीं है?

कलकत्ता
10 नवम्बर 1949

नदी के द्वीप

हम नदी के द्वीप हैं।
हम नहीं कहते कि हम को छोड़ कर स्रोतस्विनी बह जाय।
वह हमें आकार देती है।
हमारे कोण, गलियाँ, अन्तरीप, उभार, सैकत कूल,
सब गोलाइयाँ उस की गढ़ी हैं।

माँ है वह। है, इसी से हम बने हैं।

किन्तु हम हैं द्वीप।
हम धारा नहीं हैं।
स्थिर समर्पण है हमारा। हम सदा से द्वीप हैं स्रोतस्विनी के
किन्तु हम बहते नहीं हैं। क्यों कि बहना रेत होना है।
हम बहेंगे तो रहेंगे ही नहीं।
पैर उखड़ेंगे। प्लवन होगा। ढहेंगे। सहेंगे। बह जायेंगे।
और फिर हम चूर्ण हो कर भी कभी क्या धार बन सकते?
रेत बन कर हम सलिल को तनिक गँदला ही करेंगे।
अनुपयोगी ही बनायेंगे।

द्वीप हैं हम।
यह नहीं है शाप। यह अपनी नियति है।
हम नदी के पुत्र हैं। बैठे नदी के क्रोड़ में।
वह बृहद् भूखंड से हम को मिलाती है।
और वह भूखंड अपना पितर है।

नदी, तुम बहती चलो।
भूखंड से जो दाय हम को मिला है, मिलता रहा है,
माँजती, संस्कार देती चलो :
यदि ऐसा कभी हो
तुम्हारे आह्लाद से या दूसरों के किसी स्वैराचार से—
अतिचार से—

तुम बढ़ो, प्लावन तुम्हारा घरघराता उठे,
यह स्रोतस्विनी ही कर्मनाशा कीर्तिनाशा घोर
काल-प्रवाहिनी बन जाय
तो हमें स्वीकार है वह भी। उसी में रेत हो कर
फिर छनेंगे हम। जमेंगे हम। कहीं फिर पैर टेकेंगे।
कहीं फिर भी खड़ा होगा नये व्यक्तित्व का आकार।

मातः, उसे फिर संस्कार तुम देना।

इलाहाबाद
11 दिसम्बर 1949

काँगड़े की छोरियाँ

काँगड़े की छोरियाँ कुछ भोरियाँ सब गोरियाँ
लाला जी, ज़ेवर बनवा दो खाली करो तिजोरियाँ!
काँगड़े की छोरियाँ!

ज्वार-मका की क्यारियाँ हरियाँ-भरियाँ प्यारियाँ
धन-खेतों में लहर हवा की सुना रही है लोरियाँ—
काँगड़े की छोरियाँ!

पुतलियाँ चंचल कालियाँ कानों झुमके-बालियाँ
हम चौड़े में खड़े लुट गये बनी न हम से चोरियाँ—
काँगड़े की छोरियाँ!

काँगड़े की छोरियाँ कुछ भोरियाँ सब गोरियाँ।

काँगड़ा, नूरपुर (बस में)
24 जून 1950

वहाँ रात

पत्थरों के उन कँगूरों पर
अजानी गन्ध-सी अब छा गयी होगी उपेक्षित रात।
बिछलती डगर-सी सुनसान सरिता पर
ठिठक कर सहम कर थम गयी होगी वात।
अनमनी सी धुन्ध में चुपचाप
हताशा में ठगे से, वेदना से क्लिन्न, पुरनम टमकते तारे।
हार कर मुरझा गये होंगे अँधेरे में बिचारे—
विरस रेतीली नदी के दोनों किनारे।

रुके होंगे युगल चकवे बाँध अन्तिम बार
जल पर वृत्त मिट जाते दिवस के प्यार का—
अपनी हार का।
गन्ध-लोभी व्यस्त मौना कोष कर के बन्द
पड़ी होगी मौन
समेटे पंख, खींचे डंक, मोम के निज भौन में निष्पन्द!

पंचमी की चाँदनी कँपती उँगलियों से
आँख पथरायी समय की आँज जावेगी।

लिखत को 'आज' की फिर पोंछ 'कल' के लिए
पाटी माँज जावेगी।

कहा तो सहज, पीछे लौट देखेंगे नहीं—
पर नकारों के सहारे कब चला जीवन?
स्मरण को पाथेय बनने दो :
कभी तो अनुभूति उमड़ेगी प्लवन का सान्द्र घन भी बन!

इलाहाबाद
19 जनवरी 1951

बावरा अहेरी

भोर का बावरा अहेरी
पहले बिछाता है आलोक की
लाल-लाल कनियाँ
पर जब खींचता है जाल को
बाँध लेता है सभी को साथ :
छोटी-छोटी चिड़ियाँ, मँझोले परेवे, बड़े-बड़े पंखी
डैनों वाले डील वाले डौल के बेडौल
उड़ने जहाज,
कलस-तिसूल वाले मन्दिर-शिखर से ले
तारघर की नाटी मोटी चिपटी गोल धुस्सों वाली उपयोग-सुन्दरी
बेपनाह काया को :
गोधूली की धूल को, मोटरों के धुएँ को भी
पार्क के किनारे पुष्पिताग्र कर्णिकार की आलोक-खची तन्वि
रूप-रेखा को
और दूर कचरा जलाने वाली कल की उद्दंड चिमनियों को, जो
धुआँ यों उगलती हैं मानो उसी मात्र से अहेरी को हरा देंगी!

बावरे अहेरी रे
कुछ भी अवध्य नहीं तुझे, सब आखेट है :
एक बस मेरे मन-विवर में दुबकी कलौंस को
दुबकी ही छोड़ कर क्या तू चला जायगा?
ले, मैं खोल देता हूँ कपाट सारे
मेरे इस खँडर की शिरा-शिरा छेद दे आलोक की अनी से अपनी,
गढ़ सारा ढाह कर ढूह भर कर दे :
विफल दिनों की तू कलौंस पर माँज जा
मेरी आँखें आँज जा
कि तुझे देखूँ
देखूँ और मन में कृतज्ञता उमड़ आये
पहनूँ सिरोपे से ये कनक-तार तेरे—
बावरे अहेरी।

दिल्ली
2 सितम्बर 1951

आज तुम शब्द न दो

आज तुम शब्द न दो, न दो, कल भी मैं कहूँगा।

तुम पर्वत हो अभ्र-भेदी शिला-खण्डों के गरिष्ठ पुंज
चाँपे इस निर्झर को रहो, रहो,
तुम्हारे रन्ध्र-रन्ध्र से तुम्हीं को रस देता हुआ फूट कर मैं बहूँगा।

तुम्हीं ने दिया यह स्पन्द
तुम्हीं ने धमनी में बाँधा है लहू का वेग यह मैं अनुक्षण जानता हूँ।
गति जहाँ सब कुछ है, तुम धृति पारमिता, जीवन के सहज छन्द
तुम्हें पहचानता हूँ।
माँगो तुम चाहे जो : माँगोगे, दूँगा; तुम दोगे जो मैं सहूँगा।

आज नहीं, कल सही
कल नहीं, युग-युग बाद ही :

मेरा तो नहीं है यह
चाहे वह मेरी असमर्थता से बँधा हो।
मेरा भाव-यन्त्र? एक मड़िया है सूखी घास-फूस की

उस में छिपेगा नहीं औघड़ तुम्हारा दान—
साध्य नहीं मुझ से, किसी से चाहे सधा हो।

आज नहीं, कल सही
चाहूँ भी तो कब तक छाती में दबाये यह आग मैं रहूँगा?
आज तुम शब्द न दो, न दो—कल भी मैं कहूँगा।

दिल्ली
21 अगस्त 1953

यह दीप अकेला

यह दीप अकेला स्नेह भरा
है गर्व भरा मदमाता, पर इस को भी पंक्ति को दे दो।
यह जन है : गाता गीत जिन्हें फिर और कौन गायेगा?
पनडुब्बा : ये मोती सच्चे फिर कौन कृती लायेगा?

यह समिधा : ऐसी आग हठीला बिरला सुलगायेगा।
यह अद्वितीय : यह मेरा : यह मैं स्वयं विसर्जित :
यह दीप, अकेला, स्नेह भरा
है गर्व भरा मदमाता, पर इस को भी पंक्ति को दे दो।

यह मधु है : स्वयं काल की मौना का युग-संचय,
यह गोरस : जीवन-कामधेनु का अमृत-पूत पय,
यह अंकुर : फोड़ धरा को रवि को तकता निर्भय,
यह प्रकृत, स्वयम्भू, ब्रह्म, अयुत : इस को भी शक्ति को दे दो।
यह दीप, अकेला, स्नेह भरा
है गर्व भरा मदमाता, पर इस को भी पंक्ति को दे दो।

यह वह विश्वास, नहीं जो अपनी लघुता में भी काँपा,
वह पीड़ा, जिस की गहराई को स्वयं उसी ने नापा;

कुत्सा, अपमान, अवज्ञा के धुँधुआते कड़ुवे तम में
यह सदा-द्रवित, चिर-जागरूक, अनुरक्त-नेत्र,
उल्लम्ब-बाहु, यह चिर-अखंड अपनापा।
जिज्ञासु, प्रबुद्ध, सदा श्रद्धामय, इस को भक्ति को दे दो :
यह दीप, अकेला, स्नेह भरा
है गर्व भरा मदमाता, पर इस को भी पंक्ति को दे दो।

नयी दिल्ली (आल्प्स कहवाघर में)
18 अक्टूबर 1952

मैं वहाँ हूँ

दूर दूर दूर...मैं वहाँ हूँ!

यह नहीं कि मैं भागता हूँ :
मैं सेतु हूँ–जो है और जो होगा दोनों को मिलाता हूँ–
मैं हूँ, मैं यहाँ हूँ, पर सेतु हूँ इस लिए
दूर दूर दूर...मैं वहाँ हूँ!
यह जो मिट्टी गोड़ता है, कोदई खाता है और गेहूँ खिलाता है
उस की मैं साधना हूँ।
यह जो मिट्टी फोड़ता है, मड़िया में रहता है और महलों को
बनाता है
उस की मैं आस्था हूँ।

यह जो कज्जल-पुता खानों में उतरता है
पर चमाचम विमानों को आकाश में उड़ाता है,
यह जो नंगे बदन, दम साध, पानी में उतरता है
और बाजार के लिए पानीदार मोती निकाल लाता है,
यह जो कलम घिसता है, चाकरी करता है पर सरकार को
चलाता है
उस की मैं व्यथा हूँ।

यह जो कचरा ढोता है,
यह जो झल्ली लिये फिरता है और बेघरा घूरे पर सोता है,

यह जो गदहे हाँकता है, यह जो तन्दूर झोंकता है,
यह जो कीचड़ उलीचती है,
यह जो मनियार सजाती है,
यह जो कन्धे पर चूड़ियों की पोटली लिये गली-गली झाँकती है,
यह जो दूसरों का उतारन फींचती है,
यह जो रद्दी बटोरता है,
यह जो पापड़ बेलता है, बीड़ी लपेटता है, वर्क कूटता है,
धौंकनी फूँकता है, कलई गलाता है, रेढ़ी ठेलता है,
चौक लीपता है, बासन माँजता है, ईंटें उछालता है,
रुई धुनता है, गारा सानता है, खटिया बुनता है,
मशक से सड़क सींचता है,
रिक्शा में अपना प्रतिरूप लादे खींचता है,
जो भी जहाँ भी पिसता है पर हारता नहीं, न मरता है–
पीड़ित श्रमरत मानव
अविजित दुर्जेय मानव
कमकर, श्रमकर, शिल्पी, स्रष्टा–
उस की मैं कथा हूँ।

दूर दूर दूर...मैं वहाँ हूँ–
यह नहीं कि मैं भागता हूँ :
मैं सेतु हूँ–जो है और जो होगा, दोनों को मिलाता हूँ–
पर सेतु हूँ इस लिए
दूर दूर दूर...मैं वहाँ हूँ।

किन्तु मैं वहाँ हूँ तो ऐसा नहीं है कि मैं यहाँ नहीं हूँ।
मैं दूर हूँ, जो है और जो होगा उस के बीच सेतु हूँ
तो ऐसा नहीं है कि जो है उसे मैं ने स्वीकार कर लिया है।

मैं आस्था हूँ तो मैं निरन्तर उठते रहने की शक्ति हूँ,
मैं व्यथा हूँ तो मैं मुक्ति का श्वास हूँ,
मैं गाथा हूँ तो मैं मानव का अलिखित इतिहास हूँ,
मैं साधना हूँ तो मैं प्रयत्न में कभी शिथिल न होने का निश्चय हूँ,
मैं संघर्ष हूँ जिसे विश्राम नहीं,
जो है मैं उसे बदलता हूँ, जो मेरा कर्म है, उस में मुझे संशय का नाम नहीं,
वह मेरा अपनी साँस-सा पहचाना है,
लेकिन घृणा—घृणा से मुझे काम नहीं

क्यों कि मैंने डर नहीं जाना है।
मैं अभय हूँ,
मैं भक्ति हूँ,
मैं जय हूँ।

दूर दूर दूर...मैं सेतु हूँ,
किन्तु शून्य से शून्य तक का सतरंगी सेतु नहीं,
वह सेतु, जो मानव से मानव का हाथ मिलने से बनता है,
जो हृदय से हृदय को, श्रम की शिखा से श्रम की शिखा को
कल्पना के पंख से कल्पना के पंख को,
विवेक की किरण से विवेक की किरण को
अनुभव के स्तम्भ से अनुभव के स्तम्भ को मिलाता है,

जो मानव को एक करता है,
समूह का अनुभव जिस की मेहराबें हैं
और जन-जीवन की अजस्र प्रवाहमयी नदी जिसके नीचे से
बहती है
मुड़ती, बल खाती, नये मार्ग फोड़ती, नये करारे तोड़ती,
चिर परिवर्तनशीला, सागर की ओर जाती, जाती, जाती...
मैं वहाँ हूँ—दूर, दूर, दूर!

दिल्ली (बस में)
20 सितम्बर 1954

क्यों कि तुम हो

मेघों को सहसा चिकनी अरुणाई छू जाती है
तारागण से एक शान्ति-सी छन-छन कर आती है
क्यों कि तुम हो।

फुटकी की लहरिल उड़ान
शाश्वत के मूक गान की स्वर लिपि-सी संझा के पट पर अँक जाती है
जुगनू की छोटी-सी द्युति में नये अर्थ की
अनपहचाने अभिप्राय की किरण चमक जाती है
क्यों कि तुम हो।

जीवन का हर कर्म समर्पण हो जाता है
आस्था का आप्लवन एक संशय के कल्मष धो जाता है
क्यों कि तुम हो।

कठिन विषमताओं के जीवन में लोकोत्तर सुख का स्पन्दन मैं भरता हूँ
अनुभव की कच्ची मिट्टी को तदाकार कंचन करता हूँ
क्यों कि तुम हो।

तुम तुम हो; मैं—क्या हूँ?
ऊँची उड़ान, छोटे कृतित्व की लम्बी परम्परा हूँ,
पर कवि हूँ स्रष्टा, द्रष्टा, दाता :
जो पाता हूँ अपने को भट्ठी कर उसे गलाता-चमकाता हूँ
अपने को मट्टी कर उस का अंकुर पनपाता हूँ
पुष्प-सा, सलिल-सा, प्रसाद-सा, कंचन-सा, शस्य-सा, पुण्य-सा,
अनिर्वच आह्लाद-सा लुटाता हूँ
क्यों कि तुम हो।

दिल्ली, इलाहाबाद (रेल में)
18 अक्टूबर 1954

महानगर : रात

धीरे धीरे धीरे चली जायेंगी सभी मोटरें, बुझ जायेंगी
सभी बत्तियाँ, छा जायेगा एक तनाव-भरा सन्नाटा
जो उस को अपने भारी बूटों से रौंद-रौंद चलने वाले
वर्दीधारी का
प्यारा नहीं, किन्तु वांछित है।

तब जो पत्थर-पिटी पटरियों पर इन
अपने पैर पटकता और घिसटता
टप्-थब्, टप्-थब्, टप्-थब्
नामहीन आयेगा—

तब जो ओट खड़ी खम्भे के अँधियारे में चेहरे की मुर्दनी छिपाये
थकी उँगलियों से सूजी आँखों से रूखे बाल हटाती
लट की मैली झालर के पीछे से बोलेगी :
'दया कीजिए, जैंटिलमैन...'
और लगेगा झूठा जिस के स्वर का दर्द
क्यों कि अभ्यास नहीं है अभी उसे सच के अभिनय का,
तब जो ओठों पर निर्बुद्धि हँसी चिपकाये

मानो सीलन से विवर्ण दीवार पर लगा किसी पुराने
कौतुक-नाटक का फटियल-सा इश्तहार हो,
कुत्तों के कौतूहल के प्रति उदासीन
उस के प्रति भी जिस को तुम ने सन्नाटे की रक्षा पर तैनात किया है,
धुआँ-भरी आँखों से अपनी परछाईं तक बिन पहचाने,
तन्मय—हाँ सस्ती शराब में तन्मय—
चला जा रहा होगा धीरे धीरे धीरे—

बोलो, उस को देने को है
कोई उत्तर?
होगा?

होगा?
क्या? ये खेल-तमाशे, ये सिनेमाघर और थियेटर?
रंग-बिरंगी बिजली द्वारा किये प्रचारित
द्रव्य जिन्हें वह कभी नहीं जानेगा?
यह गलियों की नुक्कड़-नुक्कड़ पर पक्के पेशाबघरों की सुविधा,
ये कचरा-पेटियाँ सुघड़ (आह
कचरे के लिए यहाँ कितना आकर्षण!)?

असन्दिग्ध ये सभी सभ्यता के लक्षण हैं
और सभ्यता बहुत बड़ी सुविधा है सभ्य, तुम्हारे लिए!
किन्तु क्या जाने ठोकर खा कर कहीं रुके वह,
आँख उठा कर ताके और अचानक तुम को ले पहचान—
अचानक पूछे धीरे धीरे धीरे
'हाँ, पर मानव
तुम हो किस के लिए?'

स्ट्रैटफ़र्ड। ऐवन
जून 1955

हवाई यात्रा : ऊँची उड़ान

यह ऊपर आकाश नहीं, है
रूपहीन आलोक मात्र। हम अचल-पंख तिरते जाते हैं
भार-मुक्त।
नीचे यह ताजी धुनी रुई की उजली बादल-सेज बिछी है
स्वप्न-मसृण : या यहाँ हमीं अपना सपना हैं?
लेकिन उतरो :
इस झीनी चादर में है जो घुटन, भेद कर आओ।
दीखीं क्या वे दूर लकीरें—धुँधली छायाएँ—कुछ काली,
कुछ चमकीली
मुग्धकरी कुछ, कुछ जहरीली?
होती मूर्त महानगरी है : संसृति के अवतंस मनुज की कृति वह
अविश्राम उद्यम की कीर्तिपताका।

उतरो थोड़ा और :
घनी कुछ हो आने दो
रासायनिक धुन्ध के इस चीकट कम्बल की नयी घुटन को :
मानव का समूह-जीवन इस झिल्ली में ही पनप रहा है!
उतरो थोड़ा और : धरा पर

हाँ, वह देखा, लगते ही आघात ठोस धरती का
धमनी में भारी हो आया मानव-रक्त और कानों में
गूँजा सन्नाटा संसृति का!

उतरो थोड़ा और : साँस ले गहरी
अपने उड़नखटोले की खिड़की को खोलो और पैर रक्खो मिट्टी पर :
खड़ा मिलेगा वहाँ सामने तुम को
अनपेक्षित प्रतिरूप तुम्हारा
नर, जिस की अनझिप आँखों में नारायण की व्यथा भरी है!

लंदन-पैरिस-विएना (विमान में)
जून 1955

सूर्यास्त

धूप
—माँ की हँसी के प्रतिबिम्ब-सी शिशु-वदन पर—
हुई भासित
नये चीड़ों से कँटीली पार की गिरि शृंखला पर :

गीति :
मन पर वेदना के बिना,
तर्कातीत, बस स्वीकार से ही सिहर कर
बोला :
'नहीं, फिर आना नहीं होगा।'

सिग्तुना, स्वीडन
24 जून 1955

जितना तुम्हारा सच है

1

कहा सागर ने : चुप रहो!
मैं अपनी अबाधता जैसे सहता हूँ, अपनी मर्यादा तुम सहो।

जिसे बाँध तुम नहीं सकते
उस में अखिन्न मन बहो।
मौन भी अभिव्यंजना है : जितना तुम्हारा सच है उतना ही कहो।
कहा नदी ने भी : नहीं, मत बोलो,
तुम्हारी आँखों की ज्योति से अधिक है चौंध जिस रूप की
उस का अवगुण्ठन मत खोलो
दीठ से टोह कर नहीं, मन के उन्मेष से
उसे जानो : उसे पकड़ो मत, उसी के हो लो।
कहा आकाश ने भी : नहीं, शब्द मत चाहो
दाता की स्पर्द्धा हो जहाँ, मन होता है मँगते का।
दे सकते हैं वही जो चुप, झुक कर ले लेते हैं।
आकांक्षा इतनी है, साधना भी लाये हो?
तुम नहीं व्याप सकते, तुम में जो व्यापा है उसी को निबाहो

2

यही कहा पर्वत ने, यही घन-वन ने,
यही बोला झरना, यों कहा सुमन ने।
तितलियाँ, पतंगे, मोर और हिरने,
यही बोले सारस, ताल, खेत, कुएँ, झरने।
नगर के राज-पथ, चौबारे, अटारियाँ,
चीखती-चिल्लाती हुई दौड़ती जनाकुल गाड़ियाँ।
अग-जग एक मत! मैं भी सहमत हूँ।
मौन, नत हूँ।

तब कहता है फूल : अरे, तुम मेरे हो।
वन कहता है : वाह, तुम मेरे मित्र हो।
नदी का उलाहना है : मुझे भूल जाओगे?
और भीड़-भरे राज-पथ का : बड़े तुम विचित्र हो!
सभी के अस्पष्ट समवेत को
अर्थ देता कहता है नभ : मैंने प्राण तुम्हें दिये हैं,
आकार तुम्हें दिया है, स्वयं भले मैं शून्य हूँ।
हम सब सब-कुछ, अपना, तुम्हारा, दोनों दे रहे हैं तुम को
अनुक्षण;
अरे ओ क्षुद्र-मन!
और तुम हम को एक अपनी वाणी भी हो
सौंप नहीं सकते?

सौंपता हूँ।

एडिनबरा-लन्दन (रेल में)
28 अगस्त 1955

तुम हँसी हो

तुम हँसी हो—जो न मेरे ओठ पर दीखे,
मुझे हर मोड़ पर मिलती रही है।
धूप—मुझ पर जो न छायी हो,
किन्तु जिस की ओर
मेरे रुद्ध जीवन की कुटी की खिड़कियाँ खुलती रही हैं।

तुम दया हो जो मुझे विधि ने न दी हो,
किन्तु मुझ को दूसरों से बाँधती है
जो कि मेरी ही तरह इनसान हैं।
आँख जिन से न भी मेरी मिले,
जिन को किन्तु मेरी चेतना पहचानती है।

धैर्य हो तुम : जो नहीं प्रतिबिम्ब मेरे कर्म के धुँधले
मुकुर में पा सका,
किन्तु जो संघर्ष-रत मेरे प्रतिम का, मनुज का,
अनकहा पर एक धमनी में बहा सन्देश मुझ तक ला सका,
व्यक्ति की इकली व्यथा के बीज को
जो लोक-मानस की सुविस्तृत भूमि में पनपा सका।

हँसी ओ उच्छल, दया ओ अनिमेष,
धैर्य ओ अच्युत, आप्त, अशेष।

जहाज़ 'आसिया' में (लालसागर)
6 फरवरी 1956

हरा-भरा है देश

हरे-भरे हैं खेत
मगर खलिहान नहीं :
बहुत महतो का मान—
मगर दो मुट्ठी धान नहीं।
भरा है दिल
पर नीयत नहीं :
हरी है कोख—
तबीयत नहीं।

भरी हैं आँखें
पेट नहीं :
भरे हैं बनिये के काग़ज़—
टेंट नहीं।

हरा-भरा है देश :
रुँधा मिट्टी में ताप
पोसता है विष-वट का मूल—
फलेंगे जिस में शाप।

मरा क्या और मरे
इस लिए अगर जिये तो क्या :
जिसे पीने को पानी नहीं
लहू का घूँट पिये तो क्या;

पकेगा फल, चखना होगा
उन्हीं को जो जीते हैं आज :
जिन्हें हैं बहुत शील का ज्ञान—
नहीं है लाज।

तपी मिट्टी जो सोख न ले
अरे, क्या है इतना पानी?
कि व्यर्थ है उद्‌बोधन, आह्वान—
व्यर्थ कवि की बानी?

कोणार्क-कटक
15 अप्रैल 1957

शब्द और सत्य

यह नहीं कि मैंने सत्य नहीं पाया था
यह नहीं कि मुझ को शब्द अचानक कभी-कभी मिलता है :
दोनों जब-तब सम्मुख आते ही रहते हैं।
प्रश्न यही रहता है :
दोनों जो अपने बीच एक दीवार बनाये रहते हैं
मैं कब, कैसे, उन के अनदेखे
उस में सेंध लगा दूँ
या भर कर विस्फोटक
उसे उड़ा दूँ?

कवि जो होंगे हों, जो कुछ करते हैं करें,
प्रयोजन मेरा बस इतना है :
ये दोनों जो
सदा एक-दूसरे से तन कर रहते हैं,
कब, कैसे, किस आलोक-स्फुरण में
इन्हें मिला दूँ—
दोनों जो हैं बन्धु, सखा, चिर सहचर मेरे।

मोती बाग, नयी दिल्ली

15 जून 1957

दीप पत्थर का

दीप पत्थर का
लजीली किरण की
पद-चाप नीरव :
अरी ओ करुणा प्रभामय!
कब? कब?

क्योतो, जापान
9 सितम्बर 1957

सोन-मछली

हम निहारते रूप,
काँच के पीछे
हाँप रही है मछली।

रूप-तृषा भी
(और काँच के पीछे)
है जिजीविषा।

क्योतो, जापान
10 सितम्बर 1957

सम्राज्ञी का नैवेद्य-दान[1]

हे महाबुद्ध!
मैं मन्दिर में आयी हूँ
रीते हाथ :
फूल मैं ला न सकी।

औरों का संग्रह
तेरे योग्य न होता।

जो मुझे सुनाती
जीवन के विह्वल सुख-क्षण का गीत—
खोलती रूप-जगत् के द्वार जहाँ
तेरी करुणा
बुनती रहती है
भव के सपनों, क्षण के आनन्दों के
रहःसूत्र अविराम—

---

1. जापान की सम्राज्ञी कोमियो प्राचीन राजधानी नारा के बुद्ध-मन्दिर में जाते समय असमंजस में पड़ गयी थी कि चढ़ाने को क्या ले जाये और फिर रीते हाथ गयी थी। यही घटना कविता का आधार है।

उस भोली मुग्धा को
कँपती
डाली से विलगा न सकी।

जो कली खिलेगी जहाँ, खिली,
जो फूल जहाँ है,
जो भी सुख
जिस भी डाली पर
हुआ पल्लवित, पुलकित,
मैं उसे वहीं पर
अक्षत, अनाघ्रात, अस्पृष्ट, अनाविल,
हे महाबुद्ध!
अर्पित करती हूँ तुझे।

वहीं-वहीं प्रत्येक भरे प्याला जीवन का,
वहीं-वहीं नैवेद्य चढ़ा
अपने सुन्दर आनन्द-निमिष का,
तेरा हो,
हे विगतागत के, वर्तमान के, पद्मकोश!
हे महाबुद्ध!

तोक्यो
25 सितम्बर 1957

चिड़िया की कहानी

उड़ गयी चिड़िया
काँपी, फिर
थिर
हो गयी पत्ती।

नयी दिल्ली
1958

हिरोशिमा

एक दिन सहसा
सूरज निकला
अरे क्षितिज पर नहीं,
नगर के चौक :
धूप बरसी
पर अन्तरिक्ष से नहीं,
फटी मिट्टी से।

छायाएँ मानव-जन की
दिशाहीन
सब ओर पड़ीं—वह सूरज
नहीं उगा था पूरब में, वह
बरसा सहसा
बीचों-बीच नगर के :
काल-सूर्य के रथ के
पहियों के ज्यों अरे टूट कर
बिखर गये हों
दसों दिशा में।

कुछ क्षण का वह उदय-अस्त!
केवल एक प्रज्वलित क्षण की
दृश्य सोख लेने वाली दोपहरी।
फिर?
छायाएँ मानव-जन की
नहीं मिटीं लम्बी हो-हो कर :
मानव ही सब भाप हो गये।
छायाएँ तो अभी लिखी हैं
झुलसे हुए पत्थरों पर
उजड़ी सड़कों की गच पर।

मानव का रचा हुआ सूरज
मानव को भाप बना कर सोख गया।
पत्थर पर लिखी हुई यह
जली हुई छाया
मानव की साखी है।

दिल्ली-इलाहाबाद-कलकत्ता (रेल में)
10-12 जनवरी 1959

भीतर जागा दाता

मतियाया
सागर लहराया।
तरंग की पंखयुक्त वीणा पर
पवन ने भर उमंग से गाया।
फेन-झालरदार मखमली चादर पर मचलती
किरण-अप्सराएँ भारहीन पैरों से थिरकीं—
जल पर आलते की छाप छोड़ पल-पल बदलती।
दूर धुँधला किनारा
झूम-झूम आया, डगमगाया किया।
मेरे भीतर जागा
दाता :
बोला :
लो, यह सागर मैंने तुम्हें दिया।

हरियाली बिछ गयी तराई पर,
घाटी की पगडण्डी
लजायी और ओट हुई—
पर चंचला रह न सकी, फिर उझकी और झाँक गयी।

छरहरे पेड़ की नयी रँगीली फुनगी
आकाश के भाल पर जय-तिलक आँक गयी।
गेहूँ की हरी बालियों में से
कभी राई की उजली, कभी सरसों की पीली फूल-ज्योत्स्ना दिप गयी,
कभी लाली पोस्ते की सहसा चौंका गयी—
कभी लघु नीलिमा तीसी की चमकी और छिप गयी।
मेरे भीतर फिर जागा
दाता :
और मैंने फिर नीरव संकल्प किया :
लो, यह हरी-भरी धरती—यह सवत्सा कामधेनु—मैं ने तुम्हें दी :
आकाश भी तुम्हें दिया :
यह बौर, यह अंकुर, ये रंग, ये फूल, ये कोंपलें,
ये दूधिया कनी से भरी बालियाँ,
ये मैं ने तुम्हें दीं :
आँकी-बाँकी रेखा यह,
मेंड़ों पर छाग-छौने ये किलोलते,
यह तलैया, गलियारा यह,
सारसों के जोड़े, मौन खड़े पर तोलते—
यह रूप केवल मैंने देखा,
यह अनुभव अद्वितीय, जो केवल मैं ने जिया,
सब तुम्हें दिया।

एक स्मृति से मन पूत हो आया।
एक श्रद्धा से आहूत प्राणों ने गाया।
एक प्यार का ज्वार दुर्निवार बढ़ आया।
मैं डूबा नहीं, उमड़ा-उतराया,
फिर भीतर दाता खिल आया।

हँसा, हँसकर तुम्हें बुलाया।
लो, यह स्मृति, यह श्रद्धा, यह हँसी,
यह आहूत, स्पर्श-पूत भाव
यह मैं, यह तुम, यह खिलना,
यह ज्वार, यह प्लवन,
यह प्यार, यह अडूब उमड़ना—
सब तुम्हें दिया।
सब
तुम्हें
दिया।

पोर्ट सईद-मार्सेल (सागर-पोत स्टैथेयर्ड पर)
29 अप्रैल 1960

चक्रान्त शिला-24

उसी एकान्त में घर दो
जहाँ पर सभी आवें :
वही एकान्त सच्चा है
जिसे सब छू सकें।
मुझ को यही वर दो
उसी एकान्त में घर दो
कि जिस में सभी आवें–
–मैं न आऊँ।
नहीं मैं छू भी सकूँ जिस को
मुझे ही जो छुए, घेरे, समो ले।
क्यों कि जो मुझ से छुआ जा सका–
मेरे स्पर्श से चटका–
नहीं है आसरा, वह छत्र कच्चा है :
वही एकान्त सच्चा है
जिसे छूने मैं चलूँ तो मैं पलट कर टूट जाऊँ।
लौट कर फिर वहीं आऊँ
किन्तु पाऊँ
जो उसे छू रहा है वह मैं नहीं हूँ :

सभी हैं वे। सभी : वह भी जो कि इस का बोध
मुझ तक ला सका।

उसी एकान्त में घर दो–
यही वर दो।

दिल्ली-देहरादून
अक्टूबर 1960

चक्रान्त शिला-16

मैं कवि हूँ
द्रष्टा, उन्मेष्टा,
सन्धाता,
अर्थवाह,
मैं कृतव्यय।

मैं सच लिखता हूँ :
लिख-लिख कर सब
झूठा करता जाता हूँ।

तू काव्य :
सदा-वेष्टित यथार्थ
चिर-तनित,
भारहीन, गुरु,
अव्यय।

तू छलता है
पर हर छल में
तू और विशद, अभ्रान्त,
अनूठा होता जाता है।

इलाहाबाद
8 जनवरी 1961

चक्रान्त शिला-27

दूज का चाँद–

मेरे छोटे घर-कुटीर का दिया
तुम्हारे मन्दिर के विस्तृत आँगन में
सहमा-सा रख दिया गया।

नयी दिल्ली
19 फरवरी 1962

असाध्य वीणा

आ गये प्रियंवद! केशकम्बली! गुफा-गेह!
राजा ने आसन दिया। कहा :
'कृतकृत्य हुआ मैं तात! पधारे आप।
भरोसा है अब मुझ को
साध आज मेरे जीवन की पूरी होगी!'

लघु संकेत समझ राजा का
गण दौड़े। लाये असाध्य वीणा,
साधक के आगे रख उस को, हट गये।
सभी की उत्सुक आँखें
एक बार वीणा को लख, टिक गयीं
प्रियंवद के चेहरे पर।

'यह वीणा उत्तराखण्ड के गिरि-प्रान्तर से
—घने वनों में जहाँ तपस्या करते हैं व्रतचारी—
बहुत समय पहले आयी थी।
पूरा तो इतिहास न जान सके हम :
किन्तु सुना है

वज्रकीर्ति ने मन्त्रपूत जिस
अति प्राचीन किरीटी-तरु से इसे गढ़ा था—
उस के कानों में हिम-शिखर रहस्य कहा करते थे अपने,
कन्धों पर बादल सोते थे,
उस की करि-शुण्डों-सी डालें
हिम-वर्षा से पूरे वन-यूथों का कर लेती थीं परित्राण,
कोटर में भालू बसते थे,
केहरि उस के वल्कल से कन्धे खुजलाने आते थे।
और—सुना है—जड़ उस की जा पहुँची थी पाताल-लोक,
उस की ग्रन्थ-प्रवण शीतलता से फण टिका नाग वासुकि
सोता था।
उसी किरीटी-तरु से वज्रकीर्ति ने
सारा जीवन इसे गढ़ा :
हठ-साधना यही थी उस साधक की—
वीणा पूरी हुई, साथ साधना, साथ ही जीवन-लीला।'

राजा रुके साँस लम्बी ले कर फिर बोले :
'मेरे हार गये सब जाने-माने कलावन्त,
सब की विद्या हो गयी अकारथ, दर्प चूर,
कोई ज्ञानी गुणी आज तक इसे न साध सका।
अब यह असाध्य वीणा ही ख्यात हो गयी।
पर मेरा अब भी है विश्वास
कृच्छ्र-तप वज्रकीर्ति का व्यर्थ नहीं था।
वीणा बोलेगी अवश्य, पर तभी
इसे जब सच्चा-स्वरसिद्ध गोद में लेगा।
तात! प्रियंवद! लो, यह सम्मुख रही तुम्हारे
वज्रकीर्ति की वीणा,

यह मैं, यह रानी, भरी सभा यह :
सब उदग्र, पर्युत्सुक,
जन-मात्र प्रतीक्षमाण!'

केशकम्बली गुफा-गेह ने खोला कम्बल।
धरती पर चुप-चाप बिछाया।
वीणा उस पर रख, पलक मूँद कर, प्राण खींच,
कर के प्रणाम,
अस्पर्श छुअन से छुए तार।
धीरे बोला : 'राजन्! पर मैं तो
कलावन्त हूँ नहीं, शिष्य, साधक हूँ—
जीवन के अनकहे सत्य का साक्षी।
वज्रकीर्ति।
प्राचीन किरीटी-तरु!
अभिमन्त्रित वीणा!

ध्यान-मात्र इन का तो गद्गद विह्वल कर देने वाला है!'

चुप हो गया प्रियंवद।
सभा भी मौन हो रही।

वाद्य उठा साधक ने गोद रख लिया।
धीरे-धीरे झुक उस पर, तारों पर मस्तक टेक दिया।
सभा चकित थी—अरे, प्रियंवद क्या सोता है?
केशकम्बली अथवा हो कर पराभूत
झुक गया वाद्य पर?
वीणा सचमुच क्या है असाध्य?

पर उस स्पन्दित सन्नाटे में
मौन प्रियंवद साध रहा था वीणा–
नहीं, स्वयं अपने को शोध रहा था।
सघन निविड में वह अपने को
सौंप रहा था उसी किरीटी-तरु को।
कौन प्रियंवद है कि दम्भ कर
इस अभिमन्त्रित कारुवाद्य के सम्मुख आवे?
कौन बजावे
यह वीणा जो स्वयं एक जीवन भर की साधना रही?
भूल गया था केशकम्बली राजा-सभा को :
कम्बल पर अभिमन्त्रित एक अकेलेपन में डूब गया था
जिस में साक्षी के आगे था
जीवित वही किरीटी-तरु
जिस की जड़ वासुकि के फण पर थी आधारित,
जिस के कन्धों पर बादल सोते थे
और कान में जिस के हिमगिरि कहते थे अपने रहस्य।
सम्बोधित कर उस तरु को, करता था
नीरव एकालाप प्रियंवद।

'ओ विशाल तरु!
शत-सहस्र पल्लवन-पतझरों ने जिस का नित रूप सँवारा,
कितनी बरसातों कितने खद्योतों ने आरती उतारी,
दिन भौंरे कर गये गुँजरित,
रातों में झिल्ली ने
अनकथ मंगल-गान सुनाये,
साँझ-सवेरे अनगिन
अनचीन्हे खग-कुल की मोद-भरी क्रीड़ा-काकलि

डाली-डाली को कँपा गयी—
ओ दीर्घकाय!
ओ पूरे झारखण्ड के अग्रज,
तात, सखा, गुरु, आश्रय,
त्राता महच्छाय,
ओ व्याकुल मुखरित वन-ध्वनियों के
वृन्दगान के मूर्त्त-रूप,
मैं तुझे सुनूँ,
देखूँ, ध्याऊँ
अनिमेष, स्तब्ध, संयत, संयुत, निर्वाक् :
कहाँ साहस पाऊँ
छू सकूँ तुझे!
तेरी काया को छेद, बाँध कर रची गयी वीणा को
किस स्पर्धा से
हाथ करें आघात
छीनने को तारों से
एक चोट में वह संचित संगीत जिसे रचने में
स्वयं न जाने कितनों के स्पन्दित प्राण रच गये!

'नहीं, नहीं! वीणा यह मेरी गोद रखी है, रहे,
किन्तु मैं ही तो
तेरी गोदी बैठा मोद-भरा बालक हूँ,
ओ तरु-तात! सँभाल मुझे,
मेरी हर किलक
पुलक में डूब जाय :
मैं सुनूँ,
गुनूँ, विस्मय से भर आँकूँ

तेरे अनुभव का एक-एक अन्तःस्वर
तेरे दोलन की लोरी पर झूमूँ मैं तन्मय—
गा तू :
तेरी लय पर मेरी साँसें
भरें, पुरें, रीतें, विश्रान्ति पायें।

'गा तू!
यह वीणा रक्खी है : तेरा अंग-अपंग!
किन्तु अंगी, तू अक्षत, आत्म-भरित,
रस-विद्
तू गा :
मेरे अँधियारे अन्तस् में आलोक जगा
स्मृति का
श्रुति का—
तू गा, तू गा, तू गा, तू गा!

'हाँ, मुझे स्मरण है :
बदली—कौंध—पत्तियों पर वर्षा-बूँदों की पट-पट।
घनी रात में महुए का चुप-चाप टपकना।
चौंके खग-शावक की चिहुँक।
शिलाओं को दुलराते वन-झरने के
द्रुत लहरीले जल का कल-निदान।
कुहरे में छन कर आती
पर्वती गाँव के उत्सव-ढोलक की थाप।
गड़रियों की अनमनी बाँसुरी।
कठफोड़े का ठेका। फुलसुँघनी की आतुर फुरकन :
ओस-बूँद की ढरकन—इतनी कोमल, तरल

कि झरते-झरते मानो
हरसिंगार का फूल बन गयी।
भरे शरद् के ताल, लहरियों की सरसर-ध्वनि।
कूँजों का क्रेंकार। काँद लम्बी टिट्टिभ की।
पंख-युक्त सायक-सी हंस-बलाका।
चीड़-वनों में गन्ध-अन्ध उन्मद पतंग की जहाँ-तहाँ टकराहट
जल-प्रपात का प्लुत एकस्वर।
झिल्ली-दादुर, कोकिल-चातक की झंकार पुकारों की यति में
संसृति की साँय साँय।

'हाँ, मुझे स्मरण है :
दूर पहाड़ों से काले मेघों की बाढ़
हाथियों का मानो चिंघाड़ रहा हो यूथ।
घरघराहट चढ़ती बहिया की।
रेतीले कगार का गिरना छप्-छड़ाप।
झंझा की फुफकार, तप्त,
पेड़ों का अररा कर टूट-टूट कर गिरना।
ओले की कर्री चपत।
जमे पाले से तनी कटारी-सी सूखी घासों की टूटन।
ऐंठी मिट्टी की स्निग्ध घाम में धीरे-धीरे रिसना।
हिम-तुषार के फाहे धरती के घावों को सहलाते चुप-चाप।
घाटियों में भरती
गिरती चट्टानों की गूँज–
काँपती मन्द्र गूँज–अनुगूँज–साँस खोयी-सी, धीरे-धीरे नीरव।

'मुझे स्मरण है :
हरी तलहटी में, छोटे पेड़ों की ओट ताल पर

बँधे समय वन-पशुओं की नानाविध आतुर-तृप्त पुकारें :
गर्जन, घुर्घुर, चीख, भूँक, हुक्का, चिचियाहट।
कमल-कुमुद-पत्रों पर चोर-पैर द्रुत धावित
जल-पंछी की चाप
थाप दादुर की चकित छलाँगों की।
पन्थी के घोड़े की टाप अधीर।
अचंचल धीर थाप भैंसों के भारी खुर की।

'मुझे स्मरण है :
उझक क्षितिज से
किरण भोर की पहली
जब तकती है ओस-बूँद को
उस क्षण की सहसा चौंकी-सी सिहरन।
और दुपहरी में जब
घास-फूल अनदेखे खिल जाते हैं
मौमाखियाँ असंख्य झूमती करती हैं गुंजार—
उस लम्बे विलमे क्षण का तन्द्रालस ठहराव।

और साँझ को
जब तारों की तरल कँपकँपी
स्पर्शहीन झरती है—
मानो नभ में तरल नयन ठिठकी
निःसंख्य सवत्सा युवती माताओं के आशीर्वाद—
उस सन्धि-निमिष की पुलकन लीयमान।

'मुझे स्मरण है :
और चित्र प्रत्येक

स्तब्ध, विजड़ित करता है मुझ को।
सुनता हूँ मैं
पर हर स्वर-कम्पन लेता है मुझ को मुझ से सोख—
वायु-सा नाद-भरा मैं उड़ जाता हूँ।...
मुझे स्मरण है—
पर मुझ को मैं भूल गया हूँ :
सुनता हूँ मैं—
पर मैं मुझ से परे, शब्द में लीयमान।

'मैं नहीं, नहीं! मैं कहीं नहीं!
ओ रे तरु! ओ वन!
ओ स्वर-संभार!
नाद-मय संसृति!
ओ रस-प्लावन!
मुझे क्षमा कर—भूल अकिंचनता को मेरी—
मुझे ओट दे—ढँक ले—छा ले—
ओ शरण्य
मेरे गूँगेपन को तेरे सोये स्वर-सागर का ज्वार डुबा ले!
आ, मुझे भुला,
तू उतर वीन के तारों में
अपने से गा
अपने को गा—
अपने खग-कुल को मुखरित कर
अपनी छाया में पले मृगों की चौकड़ियों को ताल बाँध,
अपने छायातप, वृष्टि-पवन, पल्लव-कुसमन की लय पर
अपने जीवन-संचय को कर छन्दयुक्त,
अपनी प्रज्ञा को वाणी दे!

तू गा, तू गा—
तू सन्निधि पा—तू खो
तू आ—तू हो—तू गा! तू गा!'

राजा जागे।
समाधिस्थ संगीतकार का हाथ उठा था—
काँपी थीं उँगलियाँ।
अलस अँगड़ाई ले कर मानो जाग उठी थी वीणा :
किलक उठे थे स्वर-शिशु।
नीरव पदा रखता जालिक मायावी
सधे करों से धीरे धीरे धीरे
डाल रहा था जाल हेम-तारों का।

सहसा वीणा झनझना उठी—
संगीतकार की आँखों में ठण्डी पिघली ज्वाला-सी झलक गयी—
रोमांच एक बिजली-सा सब के तन में दौड़ गया।
अवतरित हुआ संगीत
स्वयम्भू
जिस में सोता है अखण्ड
ब्रह्मा का मौन
अशेष प्रभामय।

डूब गये सब एक साथ।
सब अलग-अलग एकाकी पार तिरे।

राजा ने अलग सुना :
जय देवी यशःकाय

वरमाल लिये
गाती थी मंगल-गीत,
दुन्दुभी दूर कहीं बजती थी,
राज-मुकुट सहसा हलका हो आया था, मानो हो फूल सिरिस का
ईर्ष्या, महदाकांक्षा, द्वेष, चाटुता
सभी पुराने लुगड़े-से झर गये, निखर आया था जीवन-कांचन
धर्म-भाव से जिसे निछावर वह कर देगा।

रानी ने अलग सुना :
छँटती बदली में एक कौंध कह गयी—
तुम्हारे ये मणि-माणक, कण्ठहार, पट-वस्त्र,
मेखला-किंकिणि—
सब अन्धकार के कण हैं ये! आलोक एक है
प्यार अनन्य! उसी की
विद्युल्लता घेरती रहती है रस-भार मेघ को,
थिरक उसी की छाती पर उस में छिप कर सो जाती है
आश्वस्त, सहज विश्वास-भरी।
रानी
उस एक प्यार को साधेगी।

सब ने भी अलग-अलग संगीत सुना।
इस को
वह कृपा-वाक्य था प्रभुओं का।
उस को
आतंक-मुक्ति का आश्वासन।
इस को
वह भरी तिजोरी में सोने की खनक।

उसे
बटुली में बहुत दिनों के बाद अन्न की सोंधी खुदबुद।
किसी एक को नयी वधू की सहमी-सी पायल-ध्वनि।
किसी दूसरे को शिशु की किलकारी।
एक किसी को जाल-फँसी मछली की तड़पन–
एक अपर को चहक मुक्त नभ में उड़ती चिड़िया की।
एक तीसरे को मण्डी की ठेलमठेल, गाहकों की आस्पर्धा
भरी बोलियाँ,
चौथे को मन्दिर की ताल-युक्त घण्टा-ध्वनि।
और पाँचवें को लोहे पर सधे हथौड़े की सम चोटें
और छठे को लंगर पर कसमसा रही नौका पर लहरों की
अविराम थपक।
बटिया पर चमरौधे की रुँधी चाप सातवें के लिए–
और आठवें को कुलिया की कटी मेंड़ से बहते जल की छुल-छुल।
इसे गमक नट्टिन की एड़ी के घुँघरू की।
उसे युद्ध का ढोल।
इसे संझा-गोधूली की लघु टुन-टुन–
उसे प्रलय का डमरू-नाद।
इस को जीवन की पहली अँगड़ाई
पर उस को महाजृम्भ विकराल काल!
सब डूबे, तिरे, झिपे, जागे--
हो रहे वशंवद, स्तब्ध :
इयत्ता सब की अलग-अलग जागी,
संघीत हुई,
पा गयी विलय।

वीणा फिर मूक हो गयी।

साधु! साधु!!

राजा सिंहासन से उतरे—
रानी ने अर्पित की सतलड़ी माल,
जनता विह्वल कह उठी 'धन्य!
हे स्वरजित्! धन्य! धन्य!,

संगीतकार
वीणा को धीरे से नीचे रख, ढँक—मानो
गोदी में सोये शिशु को पालने डाल कर मुग्धा माँ
हट जाय, दीठ से दुलराती—
उठ खड़ा हुआ।
बढ़ते राजा का हाथ उठा करता आवर्जन,
बोला :
'श्रेय नहीं कुछ मेरा :
मैं तो डूब गया था स्वयं शून्य में—
वीणा के माध्यम से अपने को मैं ने
सब कुछ को सौंप दिया था—
सुना आप ने जो वह मेरा नहीं,
न वीणा का था :
वह तो सब कुछ की तथता थी
महाशून्य
वह महामौन
अविभाज्य, अनाप्त, अद्रवित, अप्रमेय
जो शब्दहीन
सब में गाता है।'

नमस्कार कर मुड़ा प्रियंवद केशकम्बली।
ले कर कम्बल गेह-गुफा को चला गया।
उठ गयी सभा। सब अपने-अपने काम लगे।
युग पलट गया।

प्रिय पाठक! यों मेरी वीणा भी
मौन हुई।

अल्मोड़ा
18-20 जून 1961

नन्दा देवी-6

नन्दा,
बीस-तीस-पचास वर्षों में
तुम्हारी वन-राजियों की लुगदी बना कर
हम उस पर
अखबार छाप चुके होंगे;
तुम्हारे सन्नाटे को चींथ रहे होंगे
हमारे धुँधुआते शक्तिमान् ट्रक,
तुम्हारे झरने-सोते सूख चुके होंगे
और तुम्हारी नदियाँ
ला सकेंगी केवल शस्य-भक्षी बाढ़ें
या आँतों को उमेठने वाली बीमारियाँ,
तुम्हारा आकाश हो चुका होगा
हमारे अतिस्वन विमानों के
धूम-सूत्रों का गुंझर।

नन्दा,
जल्दी ही
बीस-तीस-पचास बरसों में

हम तुम्हारे नीचे एक मरु बिछा चुके होंगे
और तुम्हारे उस नदी-धौत सीढ़ी वाले मन्दिर में
जला करेगा
एक मरु-दीप!

सितम्बर, 1972

नाच

एक तनी हुई रस्सी है जिस पर मैं नाचता हूँ।
जिस तनी हुई रस्सी पर मैं नाचता हूँ
वह दो खम्भों के बीच है।
रस्सी पर मैं जो नाचता हूँ
वह एक खम्भे से दूसरे खम्भे तक का नाच है।
दो खम्भों के बीच जिस तनी हुई रस्सी पर मैं नाचता हूँ
उस पर तीखी रोशनी पड़ती है
जिस में लोग मेरा नाच देखते हैं।
न मुझे देखते हैं जो नाचता है
न रस्सी को जिस पर मैं नाचता हूँ
न खम्भों को जिस पर रस्सी तनी है
न रोशनी को ही जिस में नाच दीखता है :
लोग सिर्फ़ नाच देखते हैं।
पर मैं जो नाचता हूँ
जो जिस रस्सी पर नाचता हूँ
जो जिन खम्भों के बीच है
जिस पर जो रोशनी पड़ती है
उस रोशनी में उन खम्भों के बीच उस रस्सी पर

असल में मैं नाचता नहीं हूँ।
मैं केवल उस खम्भे से इस खम्भे तक दौड़ता हूँ
कि इस या उस खम्भे से रस्सी खोल दूँ
कि तनाव चुके और ढील में मुझे छुट्टी हो जाये—
पर तनाव ढीलता नहीं
और मैं इस खम्भे से उस खम्भे तक दौड़ता हूँ
पर तनाव वैसा बना ही रहता है
सब कुछ वैसा ही बना रहता है
और वही मेरा नाच है जिसे सब देखते हैं
मुझे नहीं
रस्सी को नहीं
खम्भे नहीं
रोशनी नहीं
तनाव भी नहीं
देखते हैं—नाच!

मार्च 1976

महावृक्ष के नीचे
(पहला वाचन)

जंगल में खड़े हो?
महारूख के बराबर
थोड़ी देर खड़े रहो
महारूख ले लेगा तुम्हारी नाप।
लेने दो।
उसे वह देगा तुम्हारे मन पर छाप।
देने दो।

जंगल में चले हो?
चलो चलते रहो।
महारूख के साथ अपना नाता बदलते रहो।
उस का आयाम
उस का है, बहुत बड़ा है।
पर वह वहाँ खड़ा है।
और तुम चलते हो चलते हुए ही भले हो।

वह महारूख है
अकेला है, वन में है।
तुम महारूख के नीचे–
अकेले हो, वन तुम में है।

ग्रोस पेर्टहोल्ज़ (आस्ट्रिया)
15 मई 1976

घर

1

मेरा घर
दो दरवाज़ों को जोड़ता
एक घेरा है
मेरा घर
दो दरवाज़ों के बीच है
उसमें
किधर से भी झाँको
तुम दरवाज़े से बाहर देख रहे होंगे
तुम्हें पार का दृश्य दीख जायेगा
घर नहीं दीखेगा।

मैं ही मेरा घर हूँ।
मेरे घर में कोई नहीं रहता
मैं भी क्या
मेरे घर में रहता हूँ
मेरे घर में
जिधर से भी झाँको...

2

तुम्हारा घर
वहाँ है
जहाँ सड़क समाप्त होती है
पर मुझे जब
सड़क पर चलते ही जाना है
तब वह समाप्त कहाँ होती है?
तुम्हारा घर...

3

दूसरों के घर
भीतर की ओर खुलते हैं
रहस्यों की ओर
जिन रहस्यों को वे खोलते नहीं।
शहरों में होते हैं
दूसरों के घर
दूसरों के घरों में
दूसरों के घर
दूसरों के घर हैं।

4

घर
है कहाँ जिनकी हम बात करते हैं
घर की बातें
सब की अपनी हैं
घर की बातें
कोई किसी से नहीं करता

जिनकी बातें होती हैं
वे घर नहीं हैं।

5

घर
मेरा कोई है नहीं
घर मुझे चाहिए :
घर के भीतर प्रकाश हो
इसकी भी मुझे चिन्ता नहीं है;
प्रकाश के घेरे के भीतर मेरा घर हो—
इसी की मुझे तलाश है।
ऐसा कोई घर आपने देखा है?
देखा हो
तो मुझे भी उस का पता दें
न देखा हो
तो मैं आपको भी
सहानुभूति तो दे ही सकता हूँ
मानव हो कर भी हम-आप
अब ऐसे घरों में नहीं रह सकते
जो प्रकाश के घेरे में हैं
पर हम
बेघरों की परस्पर हमदर्दी के
घेरे में तो रह ही सकते हैं!

चीनी चाय पीते हुए

चाय पीते हुए
मैं अपने पिता के बारे में सोच रहा हूँ।

आपने कभी
चाय पीते हुए
पिता के बारे में सोचा है?

अच्छी बात नहीं है
पिताओं के बारे में सोचना।

अपनी कलई खुल जाती है।

हम कुछ दूसरे हो सकते थे।
पर सोच की कठिनाई यह है कि दिखा देता है
कि हम कुछ दूसरे हुए होते
तो पिता के अधिक निकट हुए होते
अधिक उन जैसे हुए होते।

कितनी दूर जाना होता है पिता से
पिता जैसा होने के लिए!
पिता भी
सवेरे चाय पीते थे
क्या वह भी
पिता के बारे में सोचते थे–
निकट या दूर?

छन्द

मैं सभी ओर से खुला हूँ
वन-सा, वन-सा अपने में बन्द हूँ
शब्द में मेरी समाई नहीं होगी
मैं सन्नाटे का छन्द हूँ।

साँप

साँप!
तुम सभ्य तो हुए नहीं
नगर में बसना
भी तुम्हें नहीं आया।
एक बात पूछूँ—(उत्तर दोगे?)
तब कैसे सीखा डँसना
विष कहाँ पाया?

दिल्ली
15 जून 1954

मैं तुम्हारे ध्यान में हूँ!

प्रिय, मैं तुम्हारे ध्यान में हूँ!
बह गया जग मुग्ध सरि-सा मैं तुम्हारे ध्यान में हूँ!

तुम विमुख हो, किन्तु मैंने कब कहा उन्मुख रहो तुम?
साधना है सहसनयना—बस, कहीं सम्मुख रहो तुम!
विमुख-उन्मुख से परे भी तत्त्व की तल्लीनता है—
लीन हूँ मैं, तत्त्वमय हूँ अचिर चिर-निर्वाण में हूँ!
मैं तुम्हारे ध्यान में हूँ!

क्यों डरूँ मैं मृत्यु से या क्षुद्रता के शाप से भी?
क्यों डरूँ मैं क्षीण-पुण्या अवनि के सन्ताप से भी?
व्यर्थ जिस को माप़ने में हैं विधाता की भुजाएँ—
वह पुरुष मैं, मर्त्य हूँ पर अमरता के मान में हूँ!
मैं तुम्हारे ध्यान में हूँ!

रात आती है, मुझे क्या? मैं नयन मूँदे हुए हूँ,
आज अपने हृदय में मैं अंशुमाली को लिये हूँ!
दूर के उस शून्य नभ में सजल तारे छलछलायें—

वज्र हूँ मैं, ज्वलित हूँ, बेरोक हूँ, प्रस्थान में हूँ!
मैं तुम्हारे ध्यान में हूँ!

मूक संसृति आज है, पर गूँजते हैं कान मेरे,
बुझ गया आलोक जग में, धधकते हैं प्राण मेरे।
मौन या एकान्त या विच्छेद क्यों मुझ को सताये?
विश्व झंकृत हो उठे, मैं प्यार के उस गान में हूँ!
मैं तुम्हारे ध्यान में हूँ!

जगत है सापेक्ष, याँ है कलुष तो सौन्दर्य भी है,
हैं जटिलताएँ अनेकों—अन्त में सौकर्य भी है।
किन्तु क्यों विचलित करे मुझ को निरन्तर की कमी यह—
एक है अद्वैत जिस स्थल आज मैं उस स्थान में हूँ!
मैं तुम्हारे ध्यान में हूँ!

वेदना अस्तित्व की, अवसान की दुर्भावनाएँ—
भव-मरण, उत्थान-अवनति, दुःख-सुख की प्रक्रियाएँ
आज सब संघर्ष मेरे पा गये सहसा समन्वय—
आज अनिमिष देख तुम को लीन मैं चिर-ध्यान में हूँ!
मैं तुम्हारे ध्यान में हूँ!

बह गया जग मुग्ध-सरि-सा मैं तुम्हारे ध्यान में हूँ!
प्रिय, मैं तुम्हारे ध्यान में हूँ!

दिल्ली (एक कवि-सम्मेलन में बैठे-बैठे)
21 जुलाई 1936